Sandra Grimm

Die magische Dampflok

Auf zum Ritterturnier!

Illustrationen von Ute Simon

Loewe

ISBN 978-3-7855-6606-0
1. Auflage 2009

Umschlagillustration: Ute Simon
Umschlaggestaltung: Christian Keller
Innenlayout: Ines Wagner
Redaktion: Ann-Katrin Heger
Printed in Italy (028)

www.loewe-verlag.de

Inhalt

Die Schatzgräber

„Fang schon mal auf der anderen Seite an“, ruft Jesper Tina zu, als er gerade wieder seinen Spaten in die Erde sticht. „Ich bin schon ziemlich tief unten, hier kommt schon schwarze Erde!“
Tina und Jesper wollen einen großen Burggraben für ihre riesige Sandburg ausheben. Plötzlich ruft Jesper: „Oh!“
„Was ist?“, fragt Tina. „Ich habe etwas gefunden“, antwortet Jesper und hält Tina einen Erdklumpen hin. Sie grinst. Jespers Gesicht ist schwarz wie das eines Schornsteinfegers!

Tina sieht genauer hin:

„Und was für ein Ring! Groß und breit und goldglänzend. Wer hat denn den hier vorm Kindergarten vergraben?“, fragt Jesper. Auf dem Ring sind Buchstaben und ein Bild. „Ist das ein Drache?“, fragt Tina neugierig. „So ein gefährlicher Feuerspucker? Und was steht denn da?“

Jesper zuckt mit den Schultern. „Lass uns den Professor fragen“, sagt er und läuft los. Professor Zweistein ist der Hausmeister des Kindergartens. Er wohnt in seiner Zauberlok auf der großen Spielplatzwiese.

Der Professor staunt. „Das ist ein echter Siegelring“, sagt er. „Es ist ein Wappen eingraviert. Darunter steht:

Drachenherz

Und ihr sagt, ihr habt ihn ausgegraben? Dann kann der Ring nur ein Überbleibsel von der alten Ritterburg sein, die mal auf der Kindergartenwiese gestanden hat.“ Jesper macht **große** Augen. „Hier hat eine Burg gestanden?“ Professor Zweistein wackelt lachend mit der Pfeife in seinem Mund.

Tina guckt den Professor misstrauisch an. „Eine echte Burg? Mit Rittern und allem? Das glaube ich nicht.“ Professor Zweistein schmunzelt. „Dass ihr beiden mir aber auch nie glaubt! Ich vermute fast, ihr wollt nur mal dorthin reisen, hm?“ Tina lacht. Natürlich möchte sie das! Bevor der Professor noch etwas sagen kann, ist sie schon im Waggon der magischen Lok und macht es sich erwartungsvoll auf den roten Samtsitzen bequem.

Jesper klettert hinterher.

Der Professor grinst. „Ihr seid mir zwei Rabauken. Na, dann los, auf ins Mittelalter!“ Er steigt in seine Lokomotive und schürt das Feuer. Dann schaufelt er Kohlen ein. Bald steigt Dampf aus dem alten Schornstein. Die Lok beginnt zu wackeln und zu ächzen. „Toll, oder? Wir fahren ins Mittelalter“, flüstert Tina aufgeregt. „Wo ist denn das?“, fragt Jesper. „Nicht wo, sondern wann“, erklärt Tina. „Das Mittelalter ist die Zeit, in der die Ritter gelebt haben.“

Tina und Jesper halten sich fest. Der Zug wird von dichtem Rauch umhüllt. Laut dröhnend setzt er sich in Bewegung. Der Waggon schwankt und Tina und Jesper hören, wie sich die Flügel ausfahren. Und dann steht der Zug auch schon wieder still. Als der Rauch sich verzogen hat, sehen sie vorm Fenster eine Mauer. Jesper klettert aus dem Waggon. „Die Burg“, flüstert er beeindruckt. Auch Tina und der Professor steigen nun aus.

Im nächsten Moment laufen viele Menschen aus der Burg heraus. Sie rennen über die Zugbrücke. Wachleute mit gezückten Schwertern und finsterem Blick umstellen Tina, Jesper, Professor Zweistein und den Zug. Dahinter kommen neugierige Männer, Frauen und Kinder. Aus ihrer Mitte tritt ein stattlicher, großer Mann mit stolzem Gesicht.

Wer seid Ihr, Fremde?
Und was ist das für ein Ungetüm?

Tina kichert. Ungetüm? Meint der Mann den Professor? Dann fällt es ihr ein: die Lok! Im Mittelalter gab es noch keine Eisenbahnen. Die Menschen hier wissen gar nicht, was das ist!

Professor Zweistein nimmt mit einer leichten Verbeugung seinen Hut ab. „Mein Herr, dies ist ein Zug, mit ihm sind wir zu Euch gereist.“

Der Mann runzelt die Stirn. „Gereist? Nun, das müsst Ihr mir näher erklären. Ich bin Ritter Arthur von Drachenherz, Herr dieser Burg. Wer seid Ihr?“ Der Mann sieht sie misstrauisch an. Da fällt sein Blick auf den Ring an Tinas Finger. Der Ritter beugt sich zu ihr hinunter und betrachtet den Ring. „Das ist unser Wappen“, sagt er erstaunt. „Woher hast du ...“

Die Verwechslung

Dann fangen seine Augen an zu leuchten. „Du bist Maria, das kleine Töchterchen meines Bruders Johannes! Aber weshalb bist du schon hier? Ihr solltet doch erst morgen kommen! Wo ist Johannes?“

Er hebt Tina lachend hoch und wirbelt sie herum.

Tina sieht ihn verwirrt an. Wer soll sie sein?

„Kommt herein“, bittet Ritter Arthur. „Maria, dich werde ich zu meiner Frau bringen. Und Ihr, mein Herr, müsst mir alles über dieses Gefährt erzählen. Seid Ihr auch ein Ritter? Ein Freund meines Bruders? Und dies ist Euer Page?“ Professor Zweistein nickt überrumpelt.

Als Jesper und der Professor hinter dem Ritter her in die Burg laufen, flüstert Jesper: „Der Ritter hat sich alles selbst erklärt. Das ist prima, so können wir die ganze Burg besichtigen!“ Aber der Professor schüttelt den Kopf. Er kratzt sich am Bart und murmelt: „Wenn sie diese Lüge herausbekommen, sperren sie uns sicher in den Kerker!“ Jesper läuft ein Schauer über den Rücken. Kerker, wie spannend!

Als sie in den Speisesaal kommen, nimmt ein kleiner Junge Jesper an die Hand. „Komm“, sagt er. „Die Pagen müssen Bier und Wein ausschenken.“ „Ich bin kein ...“, beginnt Jesper. Aber der Professor stupst ihn an. Ach ja, die erfundene Geschichte! Der fremde Junge lächelt. „Ich heiße Joost“, sagt er und drückt Jesper einen furchtbar schweren Krug in die Hand.
„Ich hei-ße Jes-per - uff!“, stöhnt Jesper.

Und dann läuft er auch schon los.

Die Krüge sind schwer, aber es macht Jesper Spaß, die Getränke auszuschenken. Auch Tina bekommt etwas. „Bier?“, fragt sie entsetzt. „Ich kann doch kein Bier trinken!“ Ritter Arthur, der neben ihr sitzt, lacht. „Ach so, zu Hause bekommst du wohl immer Wein, wie? Na bitte, kein Problem!“ Tina will gerade etwas sagen, als Jesper flüstert: „Ich glaube, bei den Rittern gibt es kein sauberes Wasser, Tina! Trink doch einfach nichts!“ Tina nickt. Wahrscheinlich hat Jesper recht.

Nach dem Essen wird Tina von der Burgherrin mitgenommen. Sie soll mit ihren beiden Kindern spielen. Denn Mädchen dürfen nicht herumlaufen. Und Page sein und helfen dürfen sie schon gar nicht. Wie gemein!

Jesper läuft dem Professor hinterher, der gerade von Ritter Arthur zur Zugbrücke geleitet wird. „Ihr seid ja sicher damit einverstanden, dass ich das neue Gefährt untersuche? Wird es denn von Pferden gezogen?“ Der Professor schüttelt den Kopf und will gerade erklären, wie eine Lokomotive funktioniert. Da sieht er durch das Tor seinen Zug.

„Was machen die da?“, fragt Professor Zweistein entsetzt. Die schöne alte Lokomotive sieht ganz anders aus! „Das sind meine Handwerker. Sie nehmen das Gefährt auseinander, um es genau unter die Lupe zu nehmen.“ Der Professor zupft sich hektisch am Bart. „Das geht doch nicht, sie machen sie kaputt“, sagt er aufgeregt. Ritter Arthur sieht ihn fragend an.

Nun wird es ernst!

„**Das könnt Ihr doch gar nicht**“, sagt der Professor wütend. „Wie bitte?“, ruft Ritter Arthur beleidigt. „Natürlich können wir das! Glaubt Ihr, Ihr seid besser als wir?“ Professor Zweistein schüttelt schnell den Kopf und murmelt: „Nein, ich meine doch nur ... Sie ist doch eine Zauberlok!“ Aber zu spät. Er hat keine Gelegenheit mehr, dem Ritter zu erklären, dass ihm Material und Geräte aus der Zukunft fehlen. Der Ritter hört ihm gar nicht zu. Stattdessen ruft er: „Mein werter Herr Professor! Das war eine Beleidigung und kränkt meine Ritterehre. Beim Tjost morgen werdet Ihr gegen mich kämpfen!“

Dann stampft er wütend davon.

„Ojeojeoje“, ruft Professor Zweistein. „Ein Tjost, also ein Ritterwettkampf zu Pferd. Gegen einen ***echten Ritter***. Und die Lok ist völlig zerlegt. Fliehen geht also nicht. Was mache ich nur?“ Er sinkt seufzend auf einen Stein. Jesper versucht, ihn zu trösten. „Das schaffen wir schon. Du kannst doch reiten, Professor.“ Und Joost, der den Streit gesehen hat, streckt stolz die Brust heraus:

Ich kann Euch alles zeigen und beibringen. Kein Problem!

Der Professor seufzt. Er hat keine andere Wahl. Ritter Arthur ist ein *echter Ritter* und deshalb höflich und anständig. Er leiht dem Professor ein Pferd und eine passende Rüstung. Sie fangen gleich an zu üben. Joost darf ihnen alles zeigen. „Ihr seid doch ein Ritter, weshalb könnt Ihr nicht kämpfen?“, fragt Joost erstaunt. „Das kann ich dir nicht erklären“, sagt der Professor. „Ich bin so eine Art Zauberer. Das muss aber unser Geheimnis bleiben, hörst du?“ Joost nickt. Einen Zauberer hat er noch nie kennengelernt, aber schon viele Geschichten über sie gehört. Joost ist mächtig stolz darauf, dass er dem Professor alles zeigen darf!

Joost und Jesper helfen Professor Zweistein, wie zwei ***echte Pagen*** ihrem Ritter helfen würden. Als Erstes ziehen sie ihm die Rüstung an. „Ist die schwer“, brummt der Professor. „Ich kann mich ja kaum bewegen!“ Hände, Füße, Beine, Brust und Kopf – alles ist jetzt mit **schweren Eisenplatten** geschützt. **„Wie komme ich denn so auf mein Pferd?“**, tönt es dumpf aus dem Helm hervor. Joost lacht. Zusammen mit Jesper hilft er Professor Zweistein auf das Pferd.

„Geht nicht“, widerspricht Joost. „Das Auskleiden dauert zu lange. Ihr müsst jetzt erstmal an der Stechpuppe üben!“ Er hält Professor Zweistein die lange  Lanze entgegen. Dann gibt er dem Pferd einen Klaps. Wiehernd läuft es auf die Stechpuppe zu. „Beim Tjost kommt ihm ein ***echter Ritter*** entgegen“, erklärt Joost. „Und wer den anderen aus dem Sattel stößt, hat gewonnen.“ In diesem Moment kippt der Professor samt Lanze vom Pferd. Die Rüstung scheppert laut. Der Professor stöhnt. „Oje, beim Professor gewinnt sogar die Stechpuppe“, kichert Jesper. Dann läuft er schnell los, um ihm wieder aufs Pferd zu helfen.

Während der Professor weiterübt, sucht Jesper die Toilette. Er muss auch mal! Als er sie findet, staunt er nicht schlecht. Das Klo ist hinter einer kleinen Tür mitten in der Burgmauer! Er sieht durch das Loch:

Weit unter ihm, auf dem Boden außerhalb der Burgmauer, liegt der ganze Dreck. Keine Spülung. Und es stinkt! Jesper beeilt sich. Als er zurück zum Professor gehen will, hört er ein Pfeifen und dreht sich um. Durch eine der Türen winkt Tina ihn zu sich. „He, Jesper“, flüstert sie. „Wie geht es jetzt weiter?“ Jesper erklärt ihr, was passiert ist. „Auch das noch. Kann er denn die Lok zusammensetzen, bevor er kämpfen muss?“

Jesper zuckt mit den Schultern. „Hier ist es so **langweilig**“, sagt Tina. „Die anderen Kinder sind noch Babys. Und es ist eiskalt hier. Durch die **dicken**

kommt keine Wärme.

Nur im Winter wird der Kamin angemacht. Und eine Heizung gibt es auch nicht. Ich friere!“ Jesper grinst. „Warst du schon auf dem Klo?“ Tina schüttelt den Kopf. „Du wirst dich wundern“, verspricht Jesper. Dann sagt Tina: „Ich schlafe hier in einem **riesigen** Himmelbett. Und du?“ Das weiß Jesper noch nicht. „Wir sehen uns beim Abendessen“, sagt er nur und läuft schnell zurück zum Professor.

Das Abendessen findet Jesper besser als das Mittagessen. Da hatte es nur Haferbrei gegeben. Jetzt aber bekommen sie jede Menge Fleisch und Gemüse! Leider muss er bedienen, bevor er selbst etwas essen darf. „Hast du kein Messer?", fragt ihn Joost, als er hilflos auf sein Fleisch starrt. „Eigentlich muss jeder sein eigenes mitbringen." „Und Gabeln?", fragt Jesper. „Was?" Joost versteht ihn nicht. Er isst einfach mit den Fingern. Da macht Jesper es ihm nach. Meine Güte, denkt Jesper. Gabeln gab es wohl auch noch nicht. Was für eine komische Zeit das Mittelalter doch ist!

Dann geht es endlich ins Bett. Jesper wird mit Joost im Heu schlafen. Und der Professor? „Ich kann nicht schlafen, ich muss den Zug wieder richtig zusammenbauen“, stöhnt Professor Zweistein. „Morgen Mittag ist schon der Tjost. Ich würde sehr gern vorher abreisen!“ Jesper nickt.
Dann will er sich die Zähne putzen. Aber Joost sieht ihn nur fragend an. „Sonst kriegt man doch Löcher!“, sagt Jesper. Joost zuckt mit den Schultern. „Die hat doch jeder. Zähne tun eben **weh**, das ist so. Und wenn ein Zahn völlig kaputt ist, wird er gezogen.“ Jesper staunt. Wie ist er froh, dass seine Zähne nicht immer **wehtun**!

Als er mit Joost zum Stall geht, sehen sie in der Kapelle jemanden mit einem Kapuzenmantel vorm Altar knien und beten. „Das ist Heinrich, der Knappe“, flüstert Joost. „Er wird morgen zwanzig und zum Ritter geschlagen. Deshalb auch der Tjost. Nach so einem Ritterschlag gibt es immer Wettkämpfe und ein großes Fest.“

Vorm Einschlafen muss Jesper an den Professor denken. Ob er die Lok reparieren kann? Eigentlich würde Jesper gerne das Fest miterleben. Und wie es Tina wohl gerade geht? Sicher liegt sie im Himmelbett gemütlicher als er hier im Heu. Jesper wälzt sich lange hin und her. Aber irgendwann schläft er dann doch ein.

Das Turnier beginnt

Am nächsten Tag gehen Joost und Jesper mit in den Rittersaal, wo Heinrich zum Ritter geschlagen wird. Sie sehen, wie Heinrich sich hinkniet und Ritter Arthur sein Schwert hebt.

Nun schwört Heinrich, dass er die Schwachen beschützt, dass er treu, mutig und höflich sein wird. Wie es sich für einen ***echten Ritter*** gehört. Dann bekommt er sein eigenes Schwert und seine eigenen Sporen.

„Ich möchte auch so gern ein Ritter werden", seufzt Joost wehmütig. „Das wirst du später ganz sicher", sagt Jesper. Dann laufen sie rasch in den Burghof. Es ist schon Mittag. In einer Stunde beginnen die Wettkämpfe!

Langsam füllt sich der Platz mit fremden Wagen und Pferden. Viele Gäste kommen zum Fest.

Jesper und Joost lauschen den Gesprächen ein bisschen, dann gehen sie zu Professor Zweistein. „Ich bin fast fertig", sagt der Professor. „Eine Stunde noch!" „Zu spät", sagt Jesper. „Die Wettkämpfe beginnen. Du musst jetzt kämpfen, du bist als Erster dran!" Der Professor lächelt schief.

Dann fällt ihm etwas ein. „Wo ist denn eigentlich Tina?“, fragt er. „Noch in der Burg“, sagt Jesper. „Zum Glück verspätet Arthurs Bruder sich, er hat einen Boten geschickt. Du musst jetzt schnell kämpfen und die Lok reparieren, damit wir wegkommen, bevor der ganze Schwindel auffliegt!“ Der Professor seufzt. Dann lässt er sich von Jesper und Joost in die Rüstung zwängen und auf das Pferd helfen.

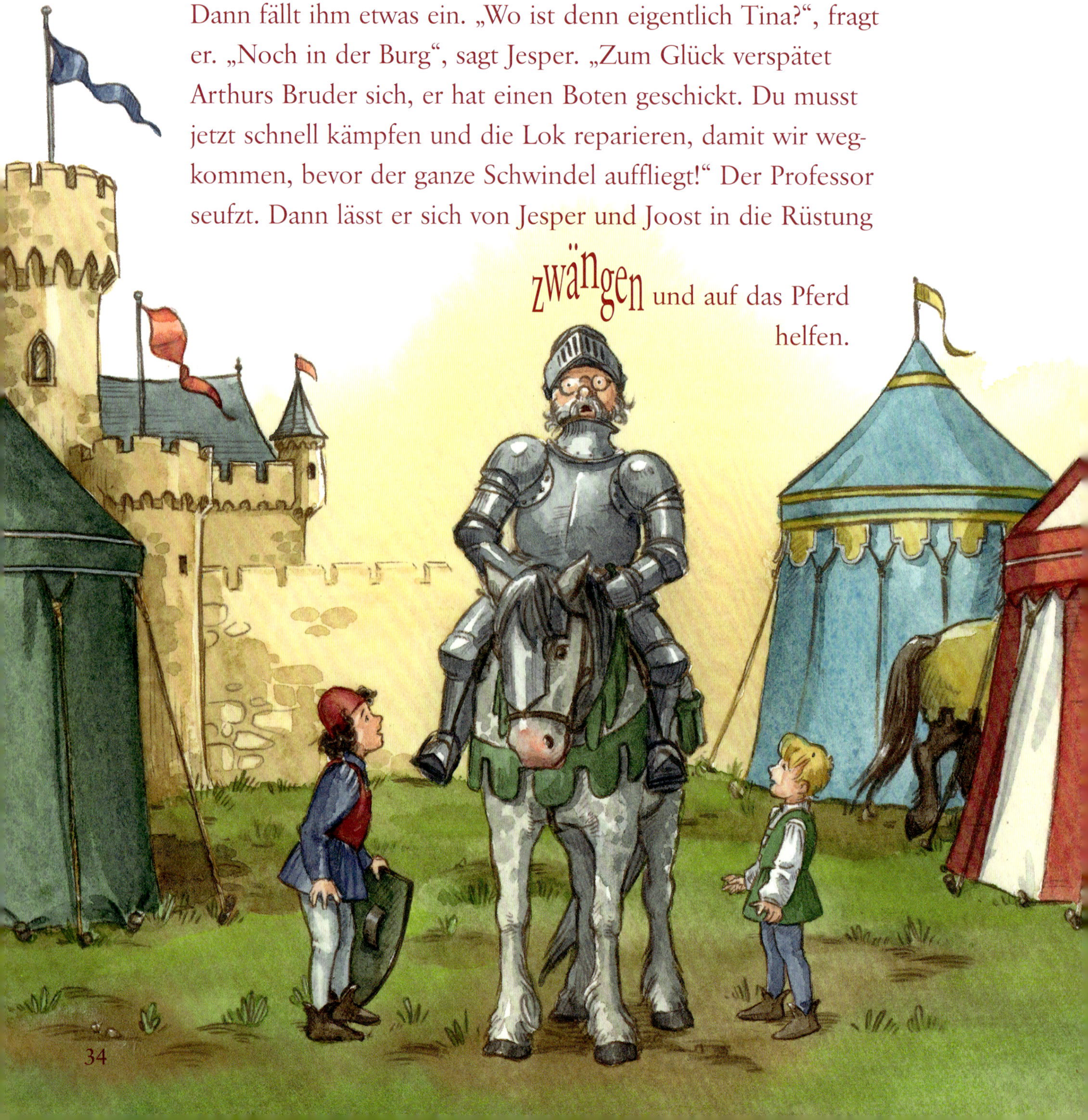

Als sie den Professor auf dem Pferd zum Turnierplatz führen, klopft Jespers Herz wie wild. Ob alles gut gehen wird? Es ist laut hier, die Pferde wiehern aufgeregt, irgendwo spielen die Musikanten fremd klingende Melodien. Unglaublich viele Menschen sind zusammengekommen.

Jesper und Joost ziehen das Pferd durch die Massen.

Neben dem Turnierplatz ist für den Gastgeber und die wichtigsten Gäste eine Zuschauertribüne aufgebaut. Dort sitzt auch Tina und winkt Jesper zu. Sie hat ihr altmodisches Kleid an und einen lustigen, spitzen Hut auf. Jesper winkt zurück.

Dann stehen der Professor und sein Pferd auf dem Turnierplatz. Ihm gegenüber sitzt, weit weg, Ritter Arthur auf seinem Turnierpferd. Am Rand des Feldes steht ein wichtig aussehender Mann, der gerade den *adligen Namen* von Ritter Arthur ausruft. Und dann verkündet er noch: „Und der fremde Ritter hat gewettet, dass er unseren berühmten Ritter Arthur besiegen wird. Bei einer Niederlage will er sogar sein fremdes Gefährt hergeben, so sicher ist er sich seines Sieges!“ **Das stimmt doch gar nicht!** Professor Zweistein protestiert, aber das geht in den allgemeinen Jubelrufen unter.

Der Professor wird blass. „Ich kann doch niemals gewinnen. Ritter Arthur ist geübt und ein berühmter Ritter. Das ist doch ungerecht! Und dann kommen wir hier nicht mehr weg, nie mehr!“ Auch Jesper wird es mulmig. Für immer **Haferschleim** essen, im Heu schlafen und auf stinkende Klos mit Loch gehen? Bitte nicht! Was sollen sie nur tun? Da steht plötzlich Tina neben ihm. „Ich habe eine Idee“, sagt sie. „Mach eine Räuberleiter!“ Jesper faltet die Hände. Tina steigt hoch und stopft dem Professor etwas in den Mund. „Kauen“, ruft sie. Und der Professor kaut, was das Zeug hält.

Da ertönt auch schon die Fanfare. Ritter Arthur reitet los. Und Joost gibt Professor Zweisteins Pferd einen Klaps. Es wiehert

und bäumt sich auf,

dann rast es los. Der Professor fällt beinahe hintenüber. Dabei klappt sein Visier hoch. Jetzt sieht er Ritter Arthur auf sich zurasen. Er ist schon ganz nahe! Gleich wird er ihn umstoßen! Vor Schreck macht der Professor aus dem Kaugummi eine Riesenblase, die schließlich mit einem lauten PENG! zerplatzt. Ritter Arthur reißt die Augen auf und versucht zu bremsen. Aber sein Pferd ist zu schnell. Seine Lanze kippt nach oben. Da hebt der Professor schnell seine eigene Lanze und schubst Ritter Arthur einfach vom Pferd.

Juchhuuuuu!

Die Menge jubelt. Noch nie hat jemand den berühmten Ritter Arthur besiegt! Der Ritter springt auf und schreit:

Eine Kugel, eine rosa Kugel kam aus dem Helm!

Aber alle schütteln nur den Kopf. So ein Blödsinn! Und der Professor schluckt den Kaugummi schnell runter. Er hat gewonnen! Jesper und Tina umarmen ihn.

„Eigentlich war das ja nicht fair. Jetzt ist Ritter Arthurs Traum von der Lok zerplatzt“, kichert Professor Zweistein. „Aber Ritter Arthur war auch nicht fair“, sagt Tina. „Und wir müssen doch auf jeden Fall zurück!“ Da nickt der Professor. „Stimmt. Da kann man wohl mal ein Auge zudrücken!“

Nur weg von hier!

Ritter Arthur beschwert sich noch eine Weile, aber dann merkt er, dass ihm keiner glaubt. Und schließlich ist er ein ehrenwerter Ritter, da kann er nicht als schlechter Verlierer dastehen! Er reicht Professor Zweistein die Hand. „Nun gut, so habt Ihr denn gewonnen, fremder Ritter. Ihr dürft Euer Ungetüm behalten. Aber bitte reist heute noch ab, ich möchte nicht immer an meine Niederlage erinnert werden.“ Damit ist der Professor natürlich sehr einverstanden!

Schnell kleiden Jesper und Joost ihn aus. „Maria“, ruft eine helle Stimme. Schon kommt die Burgherrin um die Ecke.

„Da bist du ja, Maria“, sagt sie. „Komm, wir wollen die restlichen Wettkämpfe anschauen. Du kannst dich später verabschieden. Dein Vater kommt ja auch bald her.“ Tina sieht Jesper schulterzuckend an. Jesper sagt zum Professor: „Hoffentlich schafft sie es später, sich wegzuschleichen, wenn die Lok abfahrbereit ist!“ Professor Zweistein legt ihm beruhigend die Hand auf die Schulter:

Da bin ich ganz sicher. Jetzt muss ich sie erst einmal reparieren, die Lok!

Zum Glück dauert es nicht mehr lange, bis die Lokomotive wieder fahrtüchtig ist. Professor Zweistein zieht an einem Seil und ein lang gezogenes „TuUt!“ ertönt. „Jetzt weiß Tina, dass sie kommen muss“, sagt er zu Jesper. Dann holt er seine Pfeife aus seiner Hosentasche. „Endlich wieder Pfeife kauen, das hat mir gefehlt als Ritter.“ – „Aber nicht anzünden!“, sagt Jesper. Der Professor lächelt: „Das tu ich doch nie!“

Dann schaufelt er Kohlen in die bereits entfachte Glut. Rauch steigt aus dem Schornstein auf. Der Zug beginnt leicht zu wackeln. „Da!“, ruft Jesper und zeigt auf die Zugbrücke, über die endlich Tina gelaufen kommt.

Tina springt in den Waggon, Jesper schließt die Tür. Neben dem Zug stehen jetzt viele neugierige Gäste. Auch Ritter Arthur ist gekommen. In diesem Moment hält ein weiteres Pferdegespann vor der Zugbrücke. „Johannes", ruft Ritter Arthur erfreut. „Da bist du ja! Wer ist denn das? Deine Tochter? Aber wer ist dann das Mädchen, das ..." – „Auf Wiedersehen!", ruft Tina. „Dankeschön, hier ist noch der Ring!" Sie wirft Ritter Arthur den Ring zu. Dann setzt die Lok sich in Bewegung. Sie faucht und zischt und dichter Rauch hüllt den ganzen Zug ein. Tina und Jesper sehen gerade noch das verdutzte Gesicht Ritter Arthurs.

Gleich darauf sind sie auch schon wieder im Kindergarten. Der Zug **bebt** noch kurz, dann bleibt er stehen und es wird still. „Jetzt haben wir gar kein Andenken an die Ritterzeit", murmelt Jesper, der den Ring gerne behalten hätte. „Doch", sagt Tina lachend. „Sieh mich an!" Und tatsächlich, Tina hat immer noch das mittelalterliche Kleid mit dem hübschen Hut an. „Komm, das zeigen wir den anderen Kindern", meint Jesper und zieht Tina an der Hand mit sich.

Der Professor sieht ihnen nach. Dann lässt er sich erschöpft auf den Sitz in der Lok fallen. „Ach, liebe magische Lok“, sagt er gähnend, „ich glaube, das Mittelalter ist nichts für einen so mittelalten Professor wie mich. Ich bin doch lieber Lokführer als Ritter. Hoffentlich wollen sie das nächste Mal an einen gemütlicheren und ruhigen Ort fahren!“ Die Lok stößt einen zustimmenden Pfiff aus. Dann **verbreitert** sich der Sitz zu einem gemütlichen Bett und der Professor braucht nur noch zur Seite zu kippen und loszuschnarchen!

Forscherbericht

Nachdem Tina und Jesper den Kindern ihr Ritter-Abenteuer erzählt haben, organisiert der Kindergarten eine Ritter-Woche. Hier siehst du, was die Kinder gebastelt und herausgefunden haben:

Lina, 5 Jahre, Fischegruppe

Der Rittertjost kann beginnen! – Die Ritter haben wir aus Flaschenkorken, Holzkugeln und Pfeifenputzern gemacht.

So wurden im Mittelalter Lasten zur Burg gebracht.

Jule, 4 Jahre, Maikäfergruppe

Ein Foto von mir
als Burgfräulein

Tina, Sonnenblumengruppe

Die Frauen auf einer mittelalterlichen
Burg haben schöne Stickereien gemacht.

Mila, 5 Jahre,
Maikäfergruppe

Für unsere Gruppe haben wir einen
Ritter-Siegelring gebastelt – den echten
musste Tina ja im Mittelalter lassen.

Franz, 3 Jahre,
Sonnenblumengruppe

Wir haben den Haferschleim ausprobiert – mit Milch und Zucker war er richtig lecker!

Die Maikäfergruppe

Wir haben das Turnier, von dem Jesper und Tina erzählt haben, als Theaterstück aufgeführt.

Alle Kinder des Kindergartens

So stellen wir uns die Burg vor, die auf unserem Kindergartengelände stand.

Die Sonnenblumengruppe

Nun kann immer ein Kind der Fischegruppe ein Ritter sein – nämlich Ritter Gold von Fischhausen!

Die Fischegruppe

Die mittelalterliche Burg

1 Tor mit Zugbrücke
2 Burggraben
3 Burgkapelle
4 Rosengarten/Freisitz
5 Brunnen
6 Rittersaal
7 Bergfried
8 Kemenate (Burgherrengemach)
9 Burgherrenwohnraum
10 Stall
11 Gesindeunterkünfte
12 Lagerraum
13 Wehrmauer